레이철, 늘 질문을 던지렴! -크리스티안 도리언

사랑하는 개구리 Y에게 -윤예지

크리스티안 도리언 글

캐나다 출신의 작가이자 교육 전문가로, 자연을 주제로 한 어린이책을 여럿 썼습니다.
세계자연기금을 비롯한 환경 단체에서 30년 넘게 일했으며,
이 책의 전작 《덕분에 발명!》으로 영국 BBC 방송국에서 주는 블루피터상을 수상했습니다.

윤예지 그림

출판, 광고, 포스터에 이르기까지 다양한 분야에서 활약하는 일러스트레이터입니다.
더 나은 세상을 위한 실천에도 관심이 많아 기후 위기, 동물권, 인권에 관한 메시지를 그림으로 전하려 합니다.
국제엠네스티와 함께 세계인권선언 30개 조항을 포스터로 작업하고, 그림책 《존엄을 외쳐요》로 다시 펴내기도 했습니다.
《마당을 나온 암탉》 20주년 특별판에 그림을 그렸으며, 그림책 《산책 가자》를 쓰고 그렸습니다.

박규리 옮김

영국 케임브리지대학교 산업지속가능성 센터에서 연구하고, 고려대 겸임 교수로 학생들을 가르치는 지속가능 디자인 박사입니다.
기후 변화와 쓰레기 문제 연구를 위해 세계를 누빕니다. 《아무튼, 딱따구리》를 쓰고,
《비거닝》을 함께 썼으며, 《지구에서 가장 큰 발자국》과 《동물들의 놀라운 집 짓기》,
《덕분에 발명!》을 우리말로 옮겼습니다.

지식곰곰 13

덕분에 건축! 인간의 건축에 영감을 준 동식물 이야기

초판 1쇄 발행 2023년 8월 8일 | 초판 4쇄 발행 2025년 2월 20일 | ISBN 979-11-5836-419-9, 978-89-93242-95-9(세트)
펴낸이 임선희 | 펴낸곳 ㈜책읽는곰 | 출판등록 제2017-000301호 | 주소 서울시 마포구 성지길 48 | 전화 02-332-2672~3
팩스 02-338-2672 | 홈페이지 www.bearbooks.co.kr | 전자우편 bear@bearbooks.co.kr | SNS Instagram@bearbooks_publishers
편집 우지영, 우진영, 이다정, 최아라, 박혜진, 김다예, 윤주영, 도아라, 홍은채 | 디자인 김은지, 윤금비
마케팅 정승호, 배현석, 김선아, 이서윤, 백경희 | 경영관리 고성림, 이민종 | 저작권 민유리
협력업체 이피에스, 두성피앤엘, 월드페이퍼, 원방드라이보드, 해인문화사, 으뜸래핑, 문화유통북스

Built by Animals © 2022 Quarto Publishing plc.
Text © 2022 Christiane Dorion
Illustrations © 2022 Yeji Yun
First Published in 2022 by Wide Eyed Editions, an imprint of The Quarto Group.
All rights reserved.
Korean translation rights © 2023 Bear Books Inc.
Korean translation rights are arranged with The Quarto Group through LENA Agency, Seoul

이 책의 한국어판 저작권은 레나 에이전시를 통한 저작권자와의 독점 계약으로 ㈜책읽는곰이 소유합니다.
신저작권법에 의해 한국 내에서 보호를 받는 저작물이므로 무단 전재 및 복제를 금합니다.

KC마크는 이 제품이 공통안전기준에 적합하였음을 의미합니다.
제조국 : 대한민국 | 사용 연령 : 3세 이상
책 모서리에 부딪히거나 종이에 베이지 않도록 주의해 주세요.

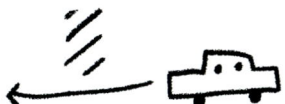

인간의 건축에 영감을 준 동식물 이야기

덕분에 건축!

크리스티안 도리언 글·윤예지 그림

박규리 옮김

차례

8-9 서문

- 건축 -

10-11 꿀벌 **기하학의 대가**
12-13 산호충 **바다의 건축가**
14-15 개미 **지하 세계의 건축가**
16-17 비버 **댐 기술자**
18-19 땅거북 **공유 천사**
20-21 **집 꾸미기**

- 재료 -

22-23 연꽃 **티 하나 없는 청결의 고수**
24-25 진주담치 **초강력 접착제**
26-27 철갑딱정벌레 **무적 갑옷**
28-29 공작갯가재 **끝내주는 집게발**
30-31 다윈나무껍질거미 **초강력 거미줄**
32-33 전복 **한 짝이지만 강력한 껍데기**
34-35 해로동굴해면 **유리로 지은 집**
36-37 지렁이 **흙의 마법사**
38-39 **건축 재료 도서관**

- 형태 -

40-41	두리안 뾰족뾰족한 햇빛 가리개
42-43	흰점꺼끌복 모래 위의 예술가
44-45	사막달팽이 시원한 이동 주택
46-47	공작 빛의 마법사
48-49	둥지 짓기의 대가들

- 에너지 -

50-51	동양말벌 태양 에너지 활용의 대가
52-53	반딧불이 최고의 에너지 효율을 자랑하는 전구
54-55	프레리도그 친환경 환기 장치
56-57	흰개미 친환경 에어컨 타워
58-59	큰부리새 휴대용 냉각기
60-61	나무 자연 발전소
62-63	시원하게 지내기

- 물 -

64-65	낙타 물 절약의 고수
66-67	도깨비도마뱀 물 퍼 올리기 선수
68-69	습지 천연 정수장
70-71	친환경 포장
72-73	동물 건축 학교
74-75	시상식
76-77	찾아보기

독자 여러분께

개미 군단은 어떻게 기계도 없이 산더미 같은 흙을 옮길까요?
꿀벌들은 어떻게 힘을 합쳐 집을 짓고요?
우리 비버들은 어떻게 중장비도 없이 나무를 쓰러뜨려 댐을 만들까요?

여기 동물 세계에서 가장 훌륭한 건축가와 디자이너, 토목 기사 들을 소개합니다! (몇몇 식물도요!)
우리는 별다른 도구 없이도 놀라운 구조물을 짓고, 초강력 소재를 만들 수 있어요.
기후에 따라 따뜻하게 혹은 시원하게 지내는 영리한 방법도 알고 있답니다.

지난 수백만 년 동안 엄청난 시간과 노력을 들여 갈고 닦아 온 기술과 발견한 재료이니 그럴 수밖에요.
기꺼이 비법을 공유해 준 동료 동물들에게 감사를 전하며!

여러분의 친구 비버

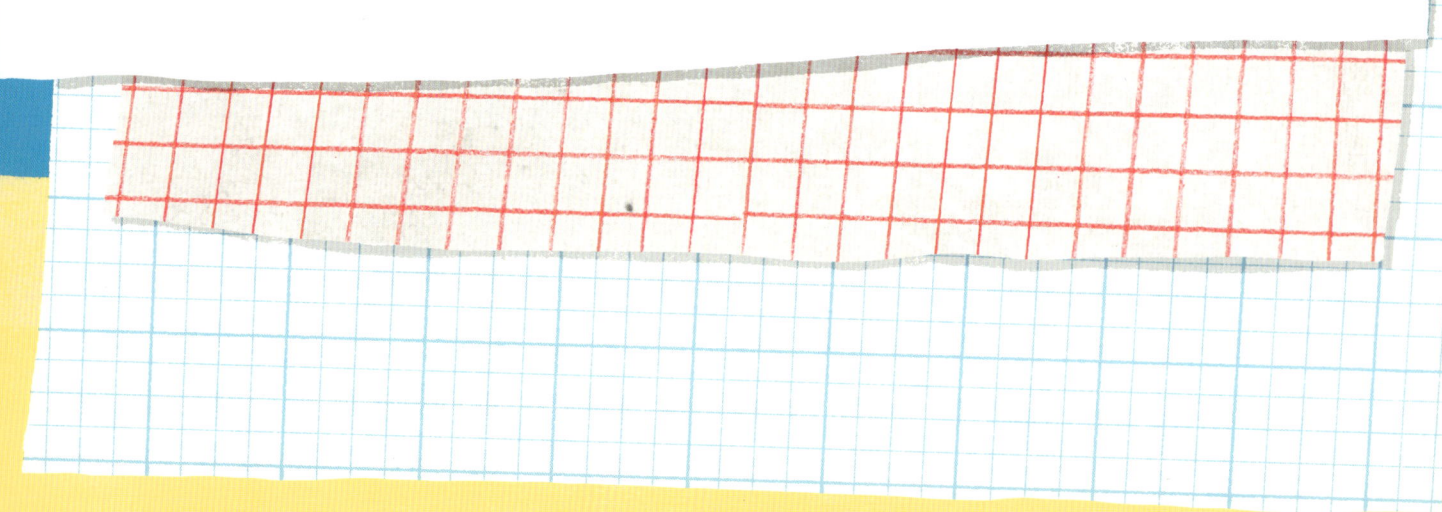

··· 꿀벌 ···
기하학의 대가

나는 바쁜 일벌이에요. 할 일은 산더미인데, 시간은 늘 빠듯하죠! 우리 일벌은 거대한 벌 공동체에서 저마다 **중요한 임무를 맡고 있어요.** 나 같은 고참 일벌의 임무는 먹이 찾기에요. 이 꽃에서 저 꽃으로 붕붕 날아다니며 식구들을 먹일 달콤한 꽃꿀과 꽃가루를 모으지요. 그러면 젊은 일벌들이 집에서 꽃꿀을 벌꿀로 바꾸어 겨울을 날 양식으로 저장해요. 젊은 일벌들은 여왕벌을 보살피고, 애벌레를 돌보고, 청소하고, 외부의 침입을 막는 일을 해요. 일벌의 삶은 온통 일, 일 또 일이죠!

여왕 폐하가 알을 낳을 수 있도록 우리가 지은 멋진 벌집이에요. 여왕벌과 짝짓기를 할 수벌들이 머무는 곳이기도 하지요. 벌집은 우리의 보금자리이자 식량 창고예요. 벌집을 짓는 재료는 우리가 직접 만들어 낸답니다. 우리 몸의 특수한 샘에서 만들어진 밀랍을 잘근잘근 씹어서 부드럽게 만든 다음에 완벽한 육각형 모양 집을 짓는 거죠.

누가 누굴까?

여왕벌

수벌

일벌

먼 옛날부터 인간들은 우리가 만드는 맛 좋은 꿀을 좋아했어요. 이제는 꿀뿐만 아니라 우리의 빼어난 건축술에도 혀를 내두르지요. 우리의 뇌는 고작 참깨만 하지만, 꿀벌 수천 마리가 함께 지낼 완벽한 집을 지을 줄 알거든요. 그 비결은 정육각형에 있답니다. 우리가 만든 정육각형 방은 가볍고 튼튼하고 군더더기가 없어요. 게다가 귀한 밀랍을 최대한 적게 써서 최대한 넓은 공간을 얻어 낼 수 있지요.

우리 벌집의 구조 덕분에 인간 건축가들은 정신없이 바빠졌어요. 가볍고 튼튼한 건축 자재를 개발해 벌집을 본뜬 건축물을 만드느라고요. 세계 곳곳에 들어서는 육각형 건물을 보면 알겠지만 말이에요. 이 커다란 반구형 건물은 인간이 투명 패널과 강철로 지은 초대형 온실이에요. 벌집처럼 대단히 튼튼하지만, 최소한의 재료로 만들어졌어요. 인간도 제법 똑똑하네요.

그럼 이만 가 볼게요. 할 일은 산더미인데 시간이 빠듯하거든요!

영국의 에덴 프로젝트

... 산호충 ...
바다의 건축가

간혹 화려한 식물이나 희한하게 생긴 바위로 오해를 사곤 하지만, 나는 어엿이 살아 숨 쉬는 작은 **동물이에요.** 우리 산호충은 볕이 잘 들고 물이 따뜻한 열대 바다의 얕은 곳에 살아요. 여느 동물들과는 달리, 한 곳에 붙박여 지내지만 괜찮아요. 따끔한 촉수로 주변에 떠다니는 먹이를 잡아 입에 쏙 넣을 수 있거든요. 나는 수천 마리에 이르는 산호충과 함께 거대한 군락을 이루어 산답니다.

나는 젤리처럼 말랑한 몸을 보호하려고 바닷물에 녹아 있는 이산화탄소와 칼슘으로 석회석처럼 단단한 껍데기를 만들어요. 이 껍데기가 아주 천천히, 수백 년에 걸쳐 쌓이고 쌓이면 아름다운 산호초를 이루지요. 산호초는 우리의 집이자 사냥터이면서 다른 생물들이 쉬었다 가는 안식처랍니다. 북적이는 해저 도시인 셈이지요.

인간들도 거대한 건축물을 짓죠. 시멘트라고 불리는 물질을 써서 단단하게 말이에요. 인간들은 힘센 기계로 땅에서 엄청난 양의 석회석을 파내요. 그런 다음 잘게 부셔서 거대한 오븐에 구운 뒤 다시 곱게 빻아 시멘트를 만들지요. 시멘트 공장은 이산화탄소를 내뿜어 지구 온난화를 일으켜요. 그 바람에 바다가 지나치게 따뜻해지면서 산호초가 사라질 위기에 놓였어요.

산호초 짓는 법

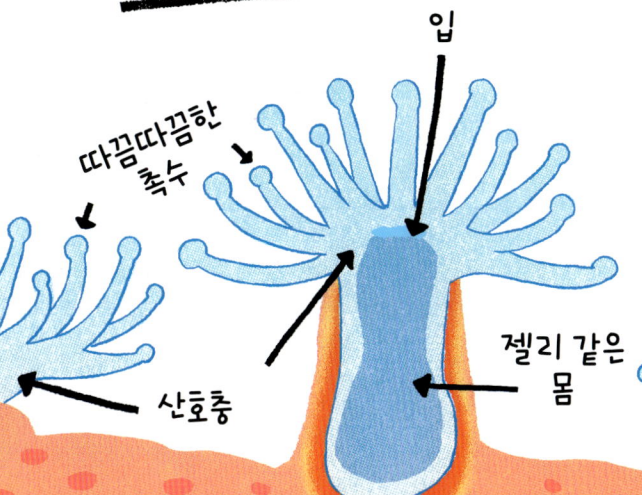

- 입
- 따끔따끔한 촉수
- 젤리 같은 몸
- 산호충
- 단단한 껍데기(외골격)

몇몇 영리한 인간들이 이 문제를 해결하려고 우리를 찾았어요. 우리 산호충의 건축 기술에서 영감을 얻어 공장에서 뿜어내는 이산화탄소를 바닷물에 섞어 시멘트를 만드는 놀라운 기술을 고안해 낸 거죠.

지구와 산호 모두에게 좋은, 그야말로 일석이조의 기술이랍니다!

산호 건축

지구 온난화

플라스틱은 이제 그만!

··· 개미 ···
지하 세계의 건축가

우리 개미들은 일사불란하게 행진하며 부엌을 덮치거나 소풍을 훼방 놓기로 유명하지요. 그런데 우리가 만능 건축가라는 사실도 알고 있나요? 우리는 땅속에 세상에서 가장 멋진 집을 지어요. 그것도 지하 몇 층짜리 집을요. 개미는 수천 마리가 모여 사는 만큼, 깔끔하고 질서를 잘 지키고 협동도 잘해야 해요.

여왕개미의 방

쓰레기장

우리 집은 수많은 방, 그리고 방과 방을 잇는 굴로 이루어져 있어요. 어떤 방은 식량 창고로, 어떤 방은 아이를 키우는 방으로, 또 어떤 방은 쓰레기장으로 쓰죠. 가장 큰 방은 소중한 여왕님이 알을 낳는 곳이에요. 우리는 이 모든 걸 설계도나 설명서 하나 없이 짓는답니다. 단단한 턱으로 흙을 실어 나르고, 페로몬을 남겨 서로 소통하면서요. 그런데도 교통 체증이 생기는 일조차 없답니다.

··· 비버 ···
댐 기술자

나는 부지런한 비버예요. 강이나 개울에 댐을 짓는 전문가죠. 나는 댐을 짓는데 맞춤한 도구를 모두 갖췄어요. 끌처럼 날카로운 이빨, 방수가 되는 털, 커다란 물갈퀴가 달린 발과 방향타 노릇을 하는 평평한 꼬리 말이에요. 크레인이나 전기톱 따위는 저리 가라죠!

댐

물웅덩이

집을 짓는 일에는 어린아이까지 가족 모두가 힘을 모아야 해요.
날카로운 이빨로 나무를 쓰러뜨리고, 나뭇가지와 진흙을 주워 모아 댐을 세우지요.
이렇게 강물의 흐름을 늦추면 물웅덩이가 생기는데, 여기에 우리 보금자리를 짓는 거예요.
언제든 드나들 수 있는 물속 비밀 통로까지 만들면 끝이죠. 우리가 만들어 낸 물웅덩이는 우리 비버뿐 아니라
오리, 물고기, 곤충 같은 친구들에게도 보금자리와 먹이터가 되어 준답니다.

우리의 기술은 아마 인간에게도 도움이 될 거예요. 기후 변화로 홍수와 가뭄이 더 잦아지고 있으니까요.
우리 댐은 비가 지나치게 많이 내릴 때 강의 흐름을 늦추고 물을 저장할 수 있어요.
비버의 천연 홍수 방지책이랄까요. 우리에게 필요한 건 그저 댐을 지을 작은 공간뿐이랍니다.

자, 가만히 있을 수 없죠. 부지런히 일하자고요!

⋯ 땅거북 ⋯
공유 천사

나는 비록 느리고 고릿적부터 살아온 파충류지만, **경험이 아주 풍부한 건축가예요.** 내 고향은 미국 남동부인데 낮에는 햇볕이 뜨겁고, 밤에는 쌀쌀하고, 들불이 자주 나는 편이에요. 그래서 나는 땅속 깊이 굴을 판답니다. 내 굴은 단순하고 효율적이에요. 입구가 하나뿐인 아주 긴 터널인데, 내가 방향을 틀 수 있을 만큼 넓지요.

깊은 굴을 파기에는 마른 모래가 제격이에요. 넓은 부삽처럼 생긴 앞발로 모래를 파내면 튼튼한 뒷다리가 뒤에서 밀어 주지요. 모래 속 집은 지나치게 덥지도, 춥지도 습하지도 건조하지도 않아서 무척 쾌적하답니다.

나는 다른 거북과 굴을 나눠 쓰는 일은 없지만,
우리 집에는 늘 손님이 많아요. 내가 굴을 파면 개구리, 생쥐,
전갈, 뱀 같은 동물들이 와서 자리를 잡거든요.
나는 채식주의자라서 이 친구들에게 위협이 되지 않아요.
설령 누군가 거북이 맛이 어떤지 궁금해해도 단단한 등껍질
덕분에 쉽사리 나를 잡아먹지는 못한답니다.

이 근방에서 나만큼 굴을 잘 파는 동물은 거의 없어요.
내가 없었다면 이 친구들, 꽤나 곤란했을걸요. 어쩌면 나같이
늙은 땅거북에게도 인간이 배울 게 있을지 몰라요.
다른 동물들과 함께 살기 좋은 집과 도시를 짓는 법 말이에요.
우리는 다 같이 행복하게 살 수 있답니다!

집 꾸미기

우리 동물 건축가들이 집을 짓는 이유는 저마다 달라요. 새끼를 키우려고,
추위나 더위를 피하려고, 잠자리를 마련하려고, 그저 뽐내려고 집을 짓기도 하지요.
우리는 손과 발, 부리와 발톱을 써서 쉽게 구할 수 있는 재료로 집을 지어요.
모든 재료를 가까이에서 구하고, 그 무엇도 헛되이 쓰는 법이 없죠.
인간에게 살짝 빌려 오는 것 빼고는요.

침팬지
경치 좋은 침실

나는 편안한 잠을 위해 집을 지어요.
밤마다 완벽한 장소를 찾아 새로운 잠자리를 마련하죠.
우선 적당한 나무를 골라 가지를 구부리고 엮어서
튼튼한 침대를 만들어요.
여기에 신선한 나뭇잎 매트리스를 깔아
포근함을 더하고요. 내 솜씨라면
자다가 떨어질 걱정은 절대 없어요.

날도래 애벌레
돌로 지은 집

나는 스스로를 지키려고 집을 지어요! 다 크면 훨훨 날아갈 테지만,
아직은 물속에서 살아가는 연약한 애벌레니까요.
나는 작은 돌과 모래, 잔가지 들을 몸에서 뽑아낸
끈끈이 실로 엮어서 이동식 집을 만들어요. 어딜 가든
집을 두르고 다니려고요.

새틴바우어새
화려한 복도

나는 짝꿍에게 잘 보이려고 집을 지어요!
우선 막대기를 모아서 가운데 복도가 있는 벽을 두 개 세워요.
그런 다음 꽃잎, 깃털, 조개껍데기, 나무 열매, 심지어
인간에게서 빌려온 알록달록한 물건들로 화려하게 장식하지요.
나는 파란색을 가장 좋아해요. 멋진 집으로도 부족하다면
노래와 춤까지 선보여야 하겠지만요.

... 연꽃 ...
티 하나 없는 청결의 고수

나는 꽃무지예요. 내가 세상에서 가장 좋아하는 연꽃을 소개할게요! 이 멋진 꽃은 햇살이 따스하게 비치면 흙탕물에서 솟아올라 넓은 꽃잎을 펼쳐요. 연꽃이 활짝 피면 열기와 고상한 향기를 내뿜어서, 나처럼 먹이를 찾는 작은 생물을 끌어들여요. 밤이 되어 꽃잎이 닫히면, 나는 이 아늑한 쉼터에 눌러앉아 마음껏 꽃가루를 먹지요. 다음 날 아침이 되어 꽃잎이 다시 열리면, 다른 연꽃으로 가서 밤새 모은 꽃가루를 다른 꽃으로 옮겨 줘요. 연꽃이 씨앗을 맺어 자손을 퍼트릴 수 있도록요.

진흙투성이 호수나 연못에서 자라는데도, 이 향기로운 꽃은 티 하나 없이 깨끗해요. 어떻게 그럴 수 있을까요? 연잎은 매끈해 보이지만, 실제로는 왁스 성분의 아주 작은 돌기로 뒤덮여 있어요. 이 돌기 끝에 물방울이 맺혀 있다가, 바람이라도 살짝 불면 먼지 입자들을 끌고 굴러떨어지지요. 그 무엇도 달라붙을 틈이 없어요!

싱가포르 아트사이언스 박물관

연꽃의 아름다운 모습 또한 싱가포르에 있는 박물관부터 인도의 연꽃 사원에 이르기까지 훌륭한 건축 디자인에 영감을 주었어요.

이 빼어난 꽃이 우리 같은 곤충뿐 아니라 인간에게도 멋진 보금자리를 제공한 셈이에요!

스스로를 정화하는 연꽃의 수수께끼를 푼 사람들은 온갖 야외용품을 깨끗하게 유지하는 데 연잎의 질감을 활용하고 있어요. 유리, 타일, 천, 페인트에도 말이에요. 오로지 빗물만으로 청결을 유지하는 이 멋진 아이디어를, 연꽃은 이미 수백만 년 전부터 쓰고 있었답니다!

··· 진주담치 ···
초강력 접착제

> 흔히 '홍합'으로 불리는 나, 담치의 삶은 마치 밀물과 썰물처럼 출렁거려요! 우리 담치들은 파도에 휩쓸리지 않도록 바위에 다 같이 딱 붙어 모여 있길 좋아해요. 그러다 썰물이 되어 물 밖으로 몸이 드러나면, 배고픈 바닷새의 표적이 되곤 하지요. 인간에게 잡혀 해물 파스타의 재료가 될 수도 있고요.

우리는 바닷물 속 무기질로 단단한 집을 만들어 부드러운 속살을 보호해요. 우리 집은 한 쌍의 조개껍데기로 이뤄졌는데, 위험할 때나 주변에 물이 부족할 때면 적은 힘으로도 꽉 닫을 수 있답니다.

초강력 디자인의 비밀

나는 다리가 여섯 개 달린 소형 탱크처럼 생겼어요. 땅에 닿을 듯 넓적한 딱지날개는 엄청난 압력에도 부서지지 않아요. 다른 딱정벌레들이 우아하게 날개를 펼쳐 날아갈 때, 내 딱지날개는 퍼즐 조각처럼 서로 맞물려 부서지지 않는 방패가 되어 준답니다.

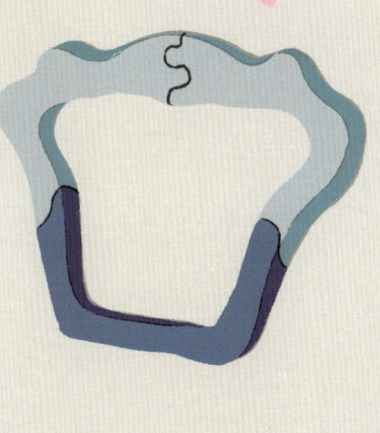

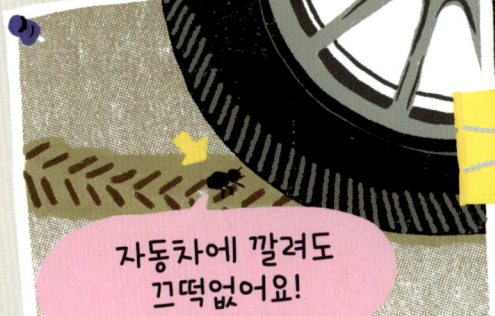

자동차에 깔려도 끄떡없어요!

강철 같은 강인함　**절대 부서지지 않는 소재**　**철갑을 두르다**

요즘 인간들은 내 무적 갑옷의 비밀을 파헤쳐 빌딩 같은 건축물이나 비행기 같은 탈것을 더욱 강하고 튼튼하게 만들려고 해요.

우리야 지구에서 수백만 년을 살아왔으니 초강력 갑옷을 개발할 시간이 충분했죠. 그 기술을 인간이 쉽게 흉내 낼 수 있을까요?

작은 딱정벌레의 힘을 절대 얕보지 마세요!

··· 공작갯가재 ···
끝내주는 집게발

나는 조그마한 갑각류로, 산호초 주변 모래밭에 굴을 파고 살아요. 다들 내 화려한 색깔에 홀리곤 하지만, 그보다 내가 작은 거인 그 자체라는 사실에 주목해 주세요. 내 주먹은 지구에서 가장 잽싸거든요.

내 집게발은 용수철이 달린 곤봉 같아요. 믿을 수 없을 만큼 튼튼한 곤봉이요.
나는 눈 깜짝할 사이에 맞난 게의 껍데기를 후려쳐 부술 수도 있고, 덤벼드는 적을 쳐 내기도 해요.
비밀이 뭐냐고요? 집게발 표면을 이루는 물질이 조금씩 엇갈린 채 나선형으로 쌓여 있기 때문이지요.
이 나선형 구조 덕분에 내 몸무게의 1000배나 되는 충격에도 끄떡없답니다.

인간들은 나처럼 조그마한 생물이 이토록 강력한 펀치를
거듭 날리면서도 끄떡없는 걸 보고 입을 다물지 못하죠.
그래서 강한 충격을 견뎌야 하는 것들에
내 튼튼한 집게발 구조를 적용하려고 해요.
헬멧이나 로봇, 비행기, 풍력 발전기 같은 데 말이에요.

이쯤 되면 나더러 끝내준다고 하는 것도 이해가 가죠?

세계 기록

세계 기록
동물
세계 최강
펀치!

사마귀 갯가재

··· 다윈나무껍질거미 ···
초강력 거미줄

> 나는 눈에 잘 띄지 않는 작은 거미지만, 실 잣는 재주만큼은 남 부럽지 않아요. 세상에서 가장 큰 거미집을 짓거든요. 그것도 평범한 거미줄이 아니라, 세상에 존재하는 천연 물질 중에 가장 질긴 거미줄로요. 나는 마다가스카르섬의 밀림 깊숙한 곳에 살면서, 강이나 개울 위에 어마어마하게 큰 거미집을 짓고 날벌레를 잡아먹어요.

실 잣는 재주라면 아주 타고났죠! 나는 방적 돌기로 여러 종류의 거미줄을 만들어 낸답니다. 거미줄을 칠 때는 일단 기다란 실을 힘차게 내뿜어 강 건너에 있는 나뭇가지나 잎사귀로 날려 보내요. 첫 거미줄이 제대로 자리를 잡으면, 곡예사처럼 줄을 타고 다니며 나선형으로 집을 짓기 시작하지요.

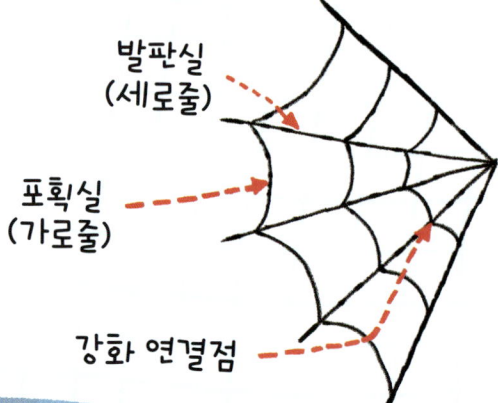

거미집 설계도
- 발판실 (세로줄)
- 포획실 (가로줄)
- 강화 연결점

거미 해부도

다리, 더듬이 다리, 눈, 배, 방적 돌기

우리 집 너비는 이만큼이나 된다고요!

인간들은 이미 수천 년 전부터 거미줄이 강철처럼 튼튼하면서도 고무처럼 유연하다는 것을 알고 있었어요. 가벼우면서도 놀랍도록 질기다는 것도요. 거미줄의 비밀을 푼 덕분에 인간들도 가볍고도 강력한 신소재를 개발할 수 있게 되었답니다.

언젠가 강철 대신 인공 거미줄로 다리를 놓거나 건물을 세우게 될지도 모르지요. 그렇다고 나처럼 벌레를 잡지는 못하겠지만요!

... 전복 ...
한 짝이지만 강력한 껍데기

내 소개를 간단히 하자면, 나는 해초를 먹는 **바다 달팽이**예요. 여러분의 발과는 무척 다르게 생긴 발을 하나 갖고 있는데, 크고 주름이 져서 바위에 딱 달라붙기 좋지요. 여느 바다 생물처럼 나도 천적으로부터 스스로를 보호하기 위해 바닷물에서 얻은 재료로 조개껍데기를 만들어요. 다만, 내 껍데기는 남달리 튼튼하답니다!

칙칙한 겉모습과는 달리, 내 껍데기 안쪽에는 어여쁜 무지갯빛이 숨어 있어요.
이 무지갯빛 층은 영롱할 뿐 아니라 대단히 단단하죠. 내가 껍데기를 만드는 방법이 좀 특별하거든요.
벽돌을 쌓듯 얇은 층을 겹겹이 쌓아 올리고, 그 사이를 끈적이는 풀로 단단히 붙이는 거예요.
그러면 충격을 옆으로 흘려보낼 수 있어서 쉽게 깨지지 않는답니다.

재료

인간들은 오랫동안 진주처럼 아름다운 내 껍데기를 탐내 왔어요. 장신구나 단추, 악기, 가구 따위를 만드는 데 쓰느라고요. 이제는 내가 가볍고 튼튼하고 오래가는 껍데기를 만드는 방법에 관심을 갖기 시작했죠. 강한 열이나 엄청난 기계 설비 없이도 조립할 수 있는 초강력 소재를 만드는 데에 힌트가 된다나요.

바다 주택 전시관

흰작은가시고둥

여왕수정고둥

그러니 다음에 바닷가에서 예쁜 조개를 발견하면, 그 껍데기에 담긴 기발한 건축 기술을 떠올려 보세요. 바다에는 놀라운 건축물이 가득하답니다. 또 어떤 게 새로운 영감을 줄지 아무도 몰라요!

앵무조개

눈동자무늬개오지

··· 해로동굴해면 ···
유리로 지은 집

내 별명은 '비너스의 꽃바구니'예요. 하지만 나는 꽃도, 바구니도 아니에요. 깊고 컴컴한 바다 밑바닥에서 소박하게 살아가는 단순한 동물이랍니다. 입도, 뇌도, 심장도, 근육도 없어요. 대부분의 동물들과 달리, 내 몸은 바다 밑바닥에 딱 달라붙어 있어서 헤엄을 치거나 기어다닐 수 없어요. 그래서 나는 바닷물을 빨아들여 먹이만 걸러 내는 기다란 관 모양 골격을 만들어 냈답니다.

반짝

내 골격은 유리로 이루어져 있지만 세찬 파도도, 다른 바다 생물이 부딪쳐 오는 충격도 모두 견딜 수 있어요. 비결이 뭐냐고요? 나는 바닷물을 재료로 '침골'이라고 부르는 작고 뾰족한 유리 조각을 만들어요. 이걸로 아주 단단한 구조물을 만든답니다.

다른 해면들처럼 나한테도 평생을 함께하는 세입자가 있어요. 어릴 때 이사를 왔다가 몸집이 너무 커져 버린 탓에 떠날 수 없는 작은 새우 두 마리죠! 이 친구들은 내 바구니 집을 청소해 주고, 그 대가로 먹이와 안전한 집을 제공 받아요.

물을 밖으로 배출

물을 안으로 빨아들임

영국 30 세인트 메리 엑스

이 건물은 오이 피클처럼 보이지만, 사실은 나한테서 영감을 받았어요! 둥근 겉모습과 격자무늬가 내 골격을 닮았지요. 이 건물은 대단히 튼튼할 뿐 아니라 건물 전체에 신선한 공기가 잘 통하도록 설계되었답니다. 물속에서 빛을 발하는 내 건축술이 공중에서도 빛을 발하고 있군요!

나는 대부분의 시간을 땅속에서 지내고, 이따금씩 비가 내릴 때만 땅 위로 올라와요. 내가 흙을 파 내려가면서 죽은 식물 조각을 야금야금 먹고는 똥을 누면 좋은 성분만 흙으로 돌아가죠. 이 영양분을 식물이 흡수하는 거랍니다. 그뿐인 줄 아세요. 내가 판 작은 굴 덕분에 물과 공기가 땅속 깊이 들어가고, 흙이 딱딱하게 굳지 않아요. 우리 지렁이 덕분에 식물들이 더 잘 자라는 거예요.

인간들이 같은 면적의 땅에서 더 많은 작물을 길러 내려는 욕심에 우리 일을 방해하고 있어요. 땅은 점점 영양분을 잃어 가고요. 하지만 우리를 본받아 땅을 건강하게 되살릴 방법을 찾으려는 인간들도 있어요. 물이 잘 빠지도록 배수에 신경을 쓰는 것과 천연 거름을 주는 게 그 비법이지요. 음식물 쓰레기를 기름진 비료로 만드는 일이라면 언제든 우리 지렁이들에게 맡겨 주세요.

이제 알겠죠? 텃밭에 우리 지렁이들이 우글거린다면 정말 반가워할 일이랍니다!

자연에서 빌려 온 재료

흙 / 모래 / 진흙 / 바닷물

자갈과 돌

진흙으로 만들어짐

인간에게 빌려 온 재료 추천하지 않음

이런 것들은 시간이 지나도 좀처럼 썩지 않아요!

... 두리안 ...
뾰족뾰족한 햇빛 가리개

지구상에서 가장 고약한 냄새를 풍기는 과일 두리안을 소개합니다. 두리안은 덥고 습한 동남아시아에서 나는 축구공만 한 과일로 나무에서 자라죠. 이 괴상한 과일은 뾰족한 뿔로 뒤덮여 있고 발꼬랑내가 난답니다! 그래도 맛은 기가 막히죠! 우리 코끼리의 발로 슬쩍 누르면 껍질이 쉽게 벗겨져 씨앗을 품은 보들보들한 속살을 꺼내 먹을 수 있어요. 우리는 보답으로 여기저기 똥을 누어서 두리안 씨앗을 널리 퍼뜨려 준답니다.

싱싱한 두리안

두리안이 냄새가 고약한 데다 무시무시하게 생기긴 했지만,
그 똘똘한 형태만큼은 인정해 주어야 해요. 뾰족한 뿔은 두리안이
채 익기 전에 새나 작은 동물이 감히 덤비지 못하도록 막아 주고,
다 익어서 땅에 떨어질 때 깨지는 일이 없도록 보호하죠.
열대 지역의 뜨거운 햇살에 씨앗이 과열되는 것도 막아 주고요.

두리안

싱가포르 에스플러네이드 극장

이 멋진 건물은 마치 거대한 두리안같이 생겼어요!
내가 제일 좋아하는 두리안처럼 건물을 뒤덮은 뿔이
그늘을 만들어 주죠. 이 특수 덮개는 해가 어떤 위치에 있든
열기는 막아 주고 빛은 건물 안으로 들여보낸답니다.

두리안은 호불호가 뚜렷이 갈리는 과일이죠.
이 건물을 설계한 인간 건축가도
나만큼이나 두리안을 좋아하는 모양이에요!

형태

··· 흰점꺼끌복 ···
모래 위의 예술가

나는 태평양의 따뜻하고 얕은 바다에 사는 수줍은 물고기예요. 다른 열대어처럼 화려한 색이나 과감한 줄무늬도 없고 헤엄도 좀 엉성한 편이지요. 조용히 묻어가는 걸 좋아해서, 좀처럼 눈에 띄지 않아요. 그러나 알고 보면 예술적 재능이 뛰어난 데다 고된 일도 겁내지 않는 편이랍니다.

흰점꺼끌복

나는 작은 두 지느러미만으로 바다 밑바닥에 이렇게 웅장한 예술 작품을 만들어요. 우선 밤낮없이 모래를 파내고 부수어 고운 입자로 만들죠. 그런 다음 지느러미를 파닥거려 고랑을 파고 이랑을 쌓아 정교한 무늬를 만들어요. 여기에 조개껍데기로 장식까지 해 주면 완성이에요. 왜 고생을 사서 하냐고요? 최고의 짝을 찾고, 최고의 둥지를 짓기 위해서죠!

나 여기 있어!

내 작품은 마치 거울에 비춘 것처럼 완벽한 대칭을 이뤄요. 자나 컴퍼스를 쓰지도 않는데 말이에요. 인간들은 자연에서 이런 대칭 문양을 보면 감탄하며 따라 해 왔어요.
내가 좋아서 하는 일이 인간 세상을 더 멋진 문양으로 수놓는 데 도움이 되면 좋겠네요.

형태

⋯ 사막달팽이 ⋯
시원한 이동 주택

느릿, 느릿, 느릿⋯ 끈적한 자국을 남기며 기어다니는 **나는 아주 단순한 생물이에요.** 앞으로 몸을 밀고 나가도록 해 주는 긴 근육질 발 하나와 사방팔방을 두루 둘러볼 수 있는 눈이 달린 더듬이 두 개가 전부죠. 내 먼 친척뻘 되는 달팽이들은 보통 바위나 썩은 통나무 아래 축축하고 어두운 곳에 숨어서 몸의 수분을 유지해요. 하지만 나는 물 한 방울 찾기 힘든 뜨겁고 메마른 사막에서 살지요. 어떻게 그럴 수 있느냐고요?

내 껍데기가 있는 그곳이 바로 내 집 ♥

여느 달팽이처럼 나도 집을 등에 짊어지고 다녀요. 몸이 자라면 집도 같이 커지죠.
내 껍데기는 이글거리는 태양을 피해 숨을 곳 하나 없는 사막 생활에 맞춤하게 만들어져 있어요.
새하얀 색에 굴곡이 있어서 햇빛을 반사하고, 입구가 아주 작아서 사막의 열기를 막아 준답니다.
게다가 무척 단단하고 두꺼워서
천적들이 나를 쉽게 잡아먹지 못하게 해 주지요.

나는 뜨거운 날씨에 몸이 말라붙지 않도록 대부분의 시간을 시원한 나선형 집 안에 깊숙이 틀어박혀 지내요. 비가 오는 우기에만 며칠 집 밖에 나가 먹이를 구하고, 배고픈 모래쥐가 나타나면 재빨리 집으로 들어가 숨지요. 나는 물이나 먹이 없이도 몇 년씩 아늑한 내 집에 틀어박혀 지낼 수 있답니다.

지난 수백 년 동안 인간은 자연에서 발견한 나선형에서 영감을 얻어 왔어요. 이제는 독특한 모양과 색깔을 자랑하는 내 집이 사막에 에어컨 없이도 시원한 집을 짓는 데 영감을 주고 있어요. 새하얀 지붕의 굴곡이 태양 빛을 반사하고, 인간은 열기를 피해 건물 깊숙이 들어가 지내는 거죠. 꼭 나처럼요!

아무래도 지난 수백만 년 동안 사막에서 잘 살아남았으니 '쿨'하게 지내는 데에는 우리가 고수일 수밖에요!

... 공작 ...
빛의 마법사

나는 짝꿍에게 빼어난 외모를 뽐내기 좋아해요. 어중이떠중이들과 어우렁더우렁 섞여 지내는 일 따위는 없지요. 이렇게 형형색색 화려한 꼬리덮깃을 가졌으니 말이에요! 나는 꼬리덮깃을 부채처럼 펼쳐 흔들면서 아름다운 '눈' 무늬를 뽐내곤 해요. 이 무늬는 빛에 따라서 마치 마법처럼 색이 바뀐답니다.

동식물이 지닌 빛은 대부분 '색소'에서 비롯해요. 이 색소가 빛 속의 여러 색 가운데 다른 색들은 모두 흡수하고, 특정한 색만 반사해서 우리 눈에 보이게 하거든요. 그런데 내 깃털에는 색다른 마법이 숨어 있어요. 깃털 표면에 돋아난 미세한 돌기가 빛을 사방으로 흩뿌려 눈부신 노란색과 초록색, 파란색을 만들어 내죠. 내가 으스대며 걸을 때면 이 울퉁불퉁한 돌기들 때문에 마치 위 꼬리덮깃의 색이 시시각각 변하는 것처럼 보여요.

끼리끼리 화려한 깃털 꼬리 이야기 공작은 도도해!

내 화려한 깃털은 늘 인간들의 눈을 사로잡아 왔죠. 내 깃털에 쓰인 영리한 속임수를 활용하면, 빛에 따라 저절로 색이 바뀌는 페인트나 건축 재료를 만들 수 있어요. 전기를 덜 쓰면서도 더 밝고 선명한 스마트폰이나 모니터를 만들 수 있을지도 모르고요.

내 총천연색은 앞으로도 계속 인간들의 눈길을 사로잡을 예정이에요!

둥지 짓기의 대가들

여러분이라면 부리와 발톱, 풀과 나뭇가지만 가지고 어떻게 집을 짓겠어요?
이 분야의 기발한 디자인상은 단연 새들에게 주어야 마땅해요! 주변에서 재료를 구해,
한 톨의 낭비도 없이 보석 같은 건축물을 완성하는 최고의 건축가들을 소개합니다!

재봉새
꼼꼼한 바느질

내 기다란 부리는 잎사귀 가장자리를 따라
나란히 구멍을 뚫는 바늘 노릇을 해요.
우리 재봉새는 이 구멍에 거미줄이나 식물의 섬유질을
꿰어 잎사귀들을 서로 엮지요. 그런 다음 잎사귀 안에
풀을 컵 모양으로 엮어 넣고 부드러운 깃털과 털로
안을 둘러 아기 새들이 따뜻하고 아늑하게 지내도록 꾸며요.
겉을 둘러싼 싱싱한 초록 이파리는
완벽한 위장막이랍니다!

가마새
빼어난 조각술

우리는 비가 내리고 나면 진흙을 지푸라기와 섞어
깔끔한 돔 모양 집을 지어요. 한쪽에 작은 출입구를 만들고,
안쪽에는 새끼들이 안전하게 지낼 수 있도록
벽을 세워 아기방도 따로 만들어요.
그러면 열대의 뜨거운 햇볕이 우리 둥지를
단단하게 구워서 마무리해 준답니다.

← 아기방

베짜는새
공중에 매달린 둥지

우리는 짧고 뭉툭한 부리로 풀잎이나 나뭇잎을 잘라 엮어서 허공에 대롱대롱 매달린 둥지를 지어요. 둥지는 되도록 물 위로 드리운 가지에 매다는 게 안전하지요. 긴 원통 모양으로 입구를 내고, 풀과 깃털로 내부를 푹신하게 꾸미면 마무리예요. 우리는 이웃끼리 둥지를 다닥다닥 붙여서 짓는 편이에요. 함께 모여 재잘재잘 떠들고 노래하는 걸 좋아하거든요.

인간
중국 베이징 국립 경기장

거대한 사발 주위에 강철을 엮어 만든 이 거대한 둥지는 우리 새들이 지은 건 아니에요. 하지만 새 둥지에서 힌트를 얻은 게 분명해요. 올림픽 경기를 치르려고 지은 이 경기장은 웅장한데다 튼튼하기까지 하답니다. 지진에도 끄떡없을 정도죠!

2008 베이징 올림픽

우리가 여느 벌과 다른 점은 해가 가장 뜨거울 때 더 열심히 일한다는 거예요.
놀랍게도 우리가 태양 에너지를 활용하기 때문이죠! 우리 몸통의 밝은 노란색과
갈색 줄무늬에 들어 있는 특수한 물질이 햇빛을 흡수해 전기로 바꿔 주거든요.
초능력자처럼 열심히 땅을 파고 붕붕거리며 날아다닐 에너지를 바로 여기서 얻는 거죠.

우리는 이 태양 전지를 지난 수백만 년에 걸쳐 완벽하게 발전시켜 왔답니다.
덕분에 우리의 태양 에너지 기술은 인간보다도 훨씬 더 앞서 있죠! 인간들도 우리를 본받아
태양 에너지를 모으는 더 효율적인 방법을 찾아서 집과 건물, 기계에 쓸 전기를 만들었으면 해요.

조만간 우리 벌침보다 태양 에너지 활용 능력이 더 유명해질지도 모르겠네요!

… 반딧불이 …
최고의 에너지 효율을 자랑하는 전구

서양에서는 나를 '불파리(firefly)'라고 부르지만, 사실 난 파리는 아니에요. 마법깨나 부리는 날개 달린 딱정벌레라고나 할까요? 나는 어둠 속에서 빛을 내요! 어둠이 내리면 불을 밝혀 짝꿍을 꾀거나 천적을 쫓아내지요. 어두운 밤을 좋아하는 곤충인 내게 불 밝히는 기술은 아주 쓸모가 많아요. 나는 별빛 아래서 빛나는 걸 즐기거든요.

어떻게 마법 같은 빛을 내냐고요? 살짝 힌트를 주자면, 답은 화학 작용에 있어요. 몸 안에서 화학 반응이 일어날 때마다 내 몸이 반짝 빛나거든요. 화학 반응을 이용해 지구상에서 가장 멋진 빛을 만들어 내는 거죠! 그러면서도 뜨거워지지는 않으니, 내 몸 자체가 최고의 에너지 효율을 자랑하는 전구인 셈이에요.

나를 현미경으로 자세히 관찰한 결과, 인간들은 내 빛이 꽁지의 특수한 모양 덕분에 더욱 밝게 빛난다는 사실을 알아냈어요. 내 몸통 끝에는 빛을 내는 기관이 있는데, 표면에 미세한 비늘이 저마다 다른 각도로 들쭉날쭉하게 뒤덮여 있어요. 그 덕분에 빛이 사방으로 흩뿌려져서 내 몸이 더욱 밝게 빛나는 거랍니다.

내 반짝이는 불빛 쇼가 인간들에게 번뜩이는 아이디어를 주는 것도 당연하죠! 나 반딧불이의 등불을 본떠 더욱 효율적인 전구를 개발한다면 에너지 절약에도 도움이 될 거예요.

그러니 다음에 반딧불이를 보거든 우리들의 반짝임이 단순히 밤의 마법 이상이라는 사실을 기억해 주세요. 더욱 찬란한 세상을 만드는 열쇠가 될 수 있으니까요!

··· 프레리도그 ···
친환경 환기 장치

어쩌다 보니 프레리 '도그'라고 불리긴 하지만, 사실 나는 개랑은 하나도 안 닮았어요. 아마 위험에 처하면 큰 소리로 짖는 버릇 때문에 이런 이름이 붙었나 봐요. 나는 귀엽고 토실토실한 설치류예요. 북아메리카 대륙의 드넓은 초원에서 이 구멍, 저 구멍을 들락날락하며 지내지요. 나는 엄청나게 사교적이에요! 수천 마리에 이르는 친구들과 함께 마을을 이루어 살거든요. 그리고 만나면 반갑다고 서로 뽀뽀를 해요.

육아실

땅파기의 명수인 우리는 날카로운 발톱으로 그 유명한 굴을 판답니다. 풀이나 뿌리, 씨앗 같은 먹이를 찾으러 부지런히 돌아다닐 때가 아니면 땅만 파고, 또 파요. 우리의 초대형 땅굴은 입구와 터널이 엄청 많아요. 새끼를 기르는 육아실과 침실, 굴 밖을 살피는 관측소, 심지어 화장실도 따로 있답니다.

··· 흰개미 ···
친환경 에어컨 타워

수백만 마리 친구들이 같이 사는 우리 흰개미 집안의 삶은 **북새통 그 자체예요.** 일개미인 나는 할 일이 끝도 없어요. 집을 짓거나 고치고, 먹이를 구하고, 여왕님 시중을 들고, 알을 육아실로 옮겨서 보살피는 것까지 말이에요. 우리의 주요 식량 공급원인 곰팡이 정원을 가꾸는 일도 빼놓을 수 없죠. 병정개미들은 성질 나쁜 개미들이 우리 흰개미 굴을 덮치지 못하도록 무시무시한 아래턱을 짤각거리며 열심히 집을 지킨답니다.

중앙 굴뚝
곰팡이 정원
지상 출입구
여왕개미 방
육아실

우리 일개미들은 비록 몸집은 쌀알만 해도 거대한 집을 지어요. 흙과 침, 배설물만으로 하늘을 찌를 듯 솟아오른 마천루를 짓지요. 물론 우리 흰개미 기준으로 말이에요. 뜨거운 열대 초원에서 지내려면 창의력이 필요해요. 우리는 우리만의 에어컨 시스템을 만들어 냈어요. 수많은 터널과 굴뚝, 환기구를 연결해 시원하고 신선한 공기는 지하의 방으로 내려보내고, 뜨겁고 탁한 공기는 밖으로 내보내는 시스템이에요.

짐바브웨 이스트게이트 센터

우리 여왕님

침과 똥으로 집 짓기

지하에서 사는 법

곰팡이 정원 가꾸기

시원하게 지내기

인간들도 우리 흰개미 집에서 영감을 받아서, 뜨거운 기후에도 시원하게 유지되는 건물을 지었어요. 건물 바닥에 수많은 구멍을 뚫어 지하의 차가운 공기가 들어오게 하고, 꼭대기에는 굴뚝을 설치해 뜨거운 공기가 빠져 나가게 한 거죠. 그 덕분에 실내는 쾌적해지고 전기도 많이 절약된답니다.

천연 에어컨에 관해서라면 인간들이 우리에게 한 수 제대로 배운 셈이죠.

··· 큰부리새 ···
휴대용 냉각기

내 집은 찌는 듯 무더운 남아메리카 밀림이에요. 커다랗고 멋진 부리는 내 자랑거리죠. 내 부리는 멋스러울 뿐 아니라, 나뭇가지에 달린 열매를 따 먹기에 더할 나위 없이 좋아요. 무겁고 거추장스러워 보일 수 있지만, 실제로는 놀랄 만큼 가볍고 튼튼하답니다. 부리 표면은 여러분의 손톱과 같은 재질인데, 안쪽은 공기주머니로 가득 찬 벌집 모양이거든요.

열대 우림에서 살아남기
경이로운 부리
에어컨 기술자

남아메리카

무더운 열대 지방에서 시원하게 지내기에는 이 커다란 부리가 안성맞춤이에요! 내 부리 안쪽에는 가는 혈관이 그물처럼 얽혀 있고, 밖에는 열기를 가두는 깃털이 없어요. 체온이 오르면 피가 부리 쪽 혈관으로 몰려서 몸의 열을 밖으로 내보내지요. 반대로 밤이 되어 추워지면 부리 쪽으로 가는 피가 줄어들어 열이 밖으로 빠져나가지 않게 해 준답니다.

나뭇잎은 낱낱이 작은 태양 전지판이나 다름없답니다.
태양 에너지를 흡수해 양분으로 바꾸는 일을 하거든요.
동시에 모든 동물의 생존에 필요한 산소를 내뿜죠. 나무는 또한
펌프 하나 없이 뿌리에서 줄기로 엄청난 양의 물을 퍼 올려요.
이 멋진 나무는 놀라운 자연 공학 그 자체랍니다.

햇빛
이산화탄소
산소

누구나 환영

에너지

인간들은 석탄과 석유, 천연가스 같은
화석 연료를 태워 에너지를 얻는 방식이
지구에 해롭다는 사실을 잘 알아요.
그래서 이 참나무 같은 나무에게서 태양 에너지를
모으고 활용하는 법을 배우는 중이랍니다.
집과 도시를 밝힐 더 나은 방법을 찾아서 말이에요.

기다란 녹색 줄기에 잎사귀 모양 태양 전지판을
매단 이 멋진 가로등은 태양 에너지를
흡수해 전기를 생산해요.
생김새와 역할 모두 나무를 닮았죠!

시원하게 지내기

더위를 피하기 위해 어떤 동물은 천연 에어컨을 갖춘 집을 짓고, 어떤 동물은 시원한 그늘 밑에 숨고, 어떤 동물은 그냥 몸에 물을 뿌려요. 우리 동물들이 시원하게 지내는 기발한 방법 좀 보실래요?

캘리포니아멧토끼
에어컨 귀

나는 긴 귀 덕분에 뜨거운 북아메리카 사막에서도 시원하게 지내요. 귀를 뒤덮은 실핏줄이 미니 에어컨 역할을 하거든요. 날이 더워지면 체온이 오르지 않도록 귀 쪽으로 피가 몰려서 열기를 몸 밖으로 내보내지요. 물론 큰 귀는 위험을 알아차리는 데도 무척 쓸모가 있어요.

사하라은개미
걸어 다니는 반사판

나는 온몸에 물집이 잡힐 정도로 뜨거운 사하라 사막에 살아요. 그런 내가 열기를 피하는 방법은 손에 꼽을 만큼 멋지답니다. 내 몸의 윗면과 옆면을 뒤덮은 특수한 은빛 털이 거울처럼 햇빛을 반사해 흩뿌리거든요. 은빛 털은 뜨거운 햇살로부터 내 몸을 보호할 뿐만 아니라 내 몸이 은빛으로 반짝이게 해 주지요.

자주불가사리
물 머금기

밀물과 썰물이 오가는 바위투성이 바닷가에 사는 일은 쉽지 않아요. 썰물 때는 홍합을 먹느라 바빠서, 온몸이 햇볕에 그대로 노출되곤 하죠. 그럴 때 몸이 마르는 것을 막는 나만의 독특한 기술이 있답니다. 밀물에 몸이 푹 잠겼을 때 차가운 바닷물을 흠뻑 머금어서 썰물 때에도 몸을 시원하게 유지하는 거죠.

케이프땅다람쥐
휴대용 양산

양산은 인간만의 발명품이 아니에요. 나 같은 땅다람쥐도 수백만 년 동안 즐겨 써 왔으니까요. 땅다람쥐가 어떻게 양산을 쓰냐고요? 내 꼬리가 바로 양산이에요! 나는 길고 북슬북슬한 꼬리로 남아프리카의 뜨거운 햇볕을 가려요. 그러다 도저히 참기 어려울 만큼 더워지면 시원한 땅굴로 숨는답니다.

이쯤 되면 인간들이 우리에게 한 수 배우러 오는 것도 당연하죠? 우리를 열심히 연구하면 인간들도 언젠가 전기를 덜 쓰고 건물과 기계를 식힐 더 나은 방법을 찾을 수 있을 거예요.

··· 낙타 ···
물 절약의 고수

1년 내내 따갑게 내리쬐는 햇볕에, 물은 구경하기도 힘들고, 거대한 모래 언덕이 끝없이 이어지는 곳을 상상해 보세요. 바로 내가 사는 사막이 그래요. 다행히 나한테는 사막살이가 잘 맞아요. 거친 털로 햇빛을 가리고, 식량이 부족할 때를 대비해 등에 난 혹에 기름도 저장할 수 있거든요. 칭찬이 자자한 내 속눈썹은 예쁘기도 하지만, 모래가 눈에 들어가는 걸 막아 준답니다.

우리 조상들은 지난 수천 년 동안 사막에서 인간과 무거운 짐을 실어 나르는 일을 해 왔어요.
물 없이도 몇 주를 견디는 우리의 특별한 능력은 늘 감탄을 자아내지요.
그런데 최근에 인간들이 그 비결을 알아냈어요. 우리 코가 아주 똘똘하게 생겼기 때문이래요!

나는 콧구멍을 닫아서 모래가 못 들어오게 막을 뿐 아니라, 소중한 물이 빠져나가지 못하게도 해요. 모든 동물은, 당연히 인간도 숨을 내쉴 때 수증기 형태의 물을 내보내지요. 그런데 내 코는 날숨에 섞인 아주 적은 수분조차 잡아내 몸 안으로 돌려보낸답니다. 날숨이 콧속의 차갑고 축축하고 구불구불한 긴 통로를 지나면서 차갑게 식어 물방울로 맺히면 다시 흡수하는 식이지요.

인간들은 내 코가 공기 중의 수분을 흡수하는 비결을 본떠 사막을 촉촉하게 만들어 보려고 해요. 그러면 비가 거의 오지 않는 지역에 식수를 공급하는 것부터 온실을 만들어 농산물을 기르는 것까지 온갖 일이 가능하지요.

이제는 내 혹보다도 코가 더 유명해지겠네요!

··· 도깨비도마뱀 ···
물 퍼 올리기 선수

뾰족한 가시 때문에 무서워 보일지 모르지만, 해치지 않아요! 여러분이 개미가 아니라면 말이죠. 개미라면 수천 마리도 한 끼에 해치울 수 있거든요. 나는 오스트레일리아의 거친 사막에서 외롭게 살아가요. 보시다시피 머리부터 꼬리까지 가시가 돋아 있어서 그리 먹음직스러운 모습은 아니에요. 굶어 죽기 직전의 새나 뱀이 아니고서야 나를 넘보지 않겠죠.

나는 대단히 색다른 방식으로 수분을 얻어요. 바로 피부로요! 이곳에는 비가 거의 오지 않기 때문에 물 한 방울도 귀하거든요. 내 피부에 난 가시 사이로 홈이 나 있는데, 이 홈이 내 입까지 이어져 있어요. 나는 아침 이슬에 젖은 모래를 피부 위로 가볍게 끼얹어서 피부에 난 홈으로 모래 속 수분을 스펀지처럼 빨아들인답니다.

오스트레일리아

현 위치 ✗

도깨비도마뱀 서식지

인간들은 내가 어떻게 힘 하나 안 들이고, 물을 입까지 흘려보내는지 연구 중이에요.
내가 물을 얻는 독특한 습관을 활용하면 높은 건물 꼭대기까지 물을 끌어 올리거나,
비가 거의 오지 않는 지역에서 물을 얻는 방법을 찾을 수 있을지도 몰라요.

물 부족 문제도 도깨비방망이처럼 뚝딱 해결!

··· 습지 ···
천연 정수장

하지만 내가 사는 습지에서 가장 자랑하고 싶은 건 이 멋진 수초들이에요.
이 수초들은 내가 가장 좋아하는 먹이인 데다 물을 깨끗하게 걸러 주는 역할을 해요.
빽빽한 잎사귀와 뒤엉킨 뿌리가 습지로 물이 흘러드는 속도를 늦추고,
쓰레기와 오염 물질을 가두어 물을 깨끗하게 해 주지요.

습지를 보호합시다!

인간들은 지금껏 자신들이 저지른 환경 파괴를 되돌리려고
비로소 자연이라는 책을 들춰 보기 시작했어요. 농장에서 농작물을
기르거나 공장에서 물건을 만드느라 강과 호수가 많이 오염되었거든요.
이제는 내 집을 닮은 인공 습지를 만들어서 물을 정화하기 시작했어요.
우리 동물뿐 아니라 강과 호수에게도 더할 나위 없이 기쁜 소식이에요!

친환경 포장

식물은 씨앗과 열매를 보존하기 위해 놀라운 포장재를 만들어요. 잣송이나 도토리, 바나나 껍질을 생각해 보세요.
그런데 동물 중에도 새끼를 보호하기 위해 완벽한 포장재를 만드는 포장의 고수들이 있답니다.
고수 중 고수들을 만나 볼까요!

타조
알 포장의 고수

우리 새들은 껍데기가 단단한 알을 낳아요.
부화하기 전까지 알 속에 머무는 새끼를 보호하려는 거죠.
알은 영양분과 물을 넉넉히 간직할 수 있고, 안에서 자라는
새끼들이 숨을 쉴 수 있도록 공기가 잘 통해요. 게다가 얼마나
단단한지 세상에서 가장 무거운 새인 내가 깔고 앉아서
품어도 깨지지 않는답니다. 아주 똑똑한 포장재죠!

산누에나방
비단실로 만든 고치

우리 나방은 아주 작은 알에서 시작해
금세 배고픈 털북숭이 애벌레로 자라나요.
아름다운 나방으로 변신할 때가 되면 식물 사이에서
숨을 곳을 찾아 거친 갈색 비단실로 튼튼한 고치를 짓죠.
때가 되면 고치를 반으로 가르고 나와
하늘로 날아오른답니다.

회색거품둥지청개구리
거품 둥지

나는 거품 만드는 재주가 뛰어난 작은 청개구리예요!
직접 만든 끈적끈적한 액체를 뒷다리로 휘저어
물 위로 늘어진 나뭇가지에 거품 둥지를 만들어요.
이렇게 만든 거품 속에 알을 낳으면 햇빛에 거품 표면이 말라서
딱딱하게 굳어요. 올챙이가 부화하면 이 거품 둥지에서
꼬물꼬물 기어 나와 물속으로 뛰어내리죠. 퐁당! 퐁당! 퐁당!

인간의 포장재와 달리 우리의 알과 고치, 거품 둥지는 모두 시간이 지나면
사라지거나 부서져서 쓰레기를 남기지 않아요. 다행스러운 소식은 인간들도 우리를 본떠서
새로운 방식의 포장법을 찾고 있다는 거예요.

동물 건축 학교

동물 건축 학교에 오신 걸 환영합니다. 인간 건축가들이 겪는 까다로운 문제를 해결할 수 있도록 동물 세계 최고의 기술을 공유할게요. 동물 건축가의 세계에는 아직도 보여 줄 것이 굉장히 많으니, 기발한 아이디어를 잔뜩 얻어 가길 바라요!

- ✓ 정육면체
- ✓ 굴러가지 않음.
- ✓ 쌓을 수 있음.
- ✓ 냄새 안 남!

웜뱃
네모난 똥

나는 오스트레일리아에 사는 작은 털북숭이 동물이에요. 땅을 엄청 잘 파고, 무척 독특한 습성을 지녔어요. 바로 네모난 똥을 눈다는 거죠! 네모난 똥은 굴러가지 않으니 영역을 표시하는 데 제격이에요. 틀로 찍어 내거나 자르지 않고도 정육면체 모양 똥을 누는 기술은 인간에게 어떤 영감을 줄 수 있을까요?

천산갑
단단하고 유연한 갑옷

나는 부끄럼을 잘 타고 굼뜬 포유류이지만, 최고의 갑옷을 갖추고 있답니다. 머리부터 발끝까지 단단한 비늘로 겹겹이 덮여 있는 데다, 위험이 닥치면 몸을 공처럼 둥글게 말아 스스로를 보호하지요. 내 독특한 갑옷이 나처럼 유연하고도 튼튼한 지붕을 만드는 데 영감을 줄 수 있지 않을까요?

별코두더지
초감각 코

나는 작은 삽처럼 생긴 두 앞발과 별 모양 코를 가진 작은 두더지예요. 대부분의 시간을 땅속에서 보내는 데 내 특수한 코 덕분에 칠흑 같은 어둠 속에서도 주변을 잘 살필 수 있지요. 인간들이 어둠 속에서도 길을 잘 찾는 영리한 기계를 만드는 데 내 코가 영감을 줄 수 있지 않을까요?

다음에 산책을 나가면 주변의 동식물을 한번 주의 깊게 살펴보세요. 미래를 밝힐 기발한 건축 아이디어가 바위 밑이나 나무 꼭대기에 숨어 있을 수도 있으니까요!

시상식

이 책에 나온 동물 건축가들은 땅 파기, 꿰매기, 불 밝히기, 실내 장식에 이르기까지 여러 분야에서 저마다 뛰어난 기술과 재능을 갖추고 있어요. 누가 어떤 상을 받을지 한번 맞혀 봐요!

다윈나무껍질거미

지렁이
프레리도그
베짜는새
새틴바우어새
철갑 땅정벌레
반딧불이
재봉새
흰점꺼끌복
공작
꿀벌, 개미, 흰개미
비버

찾아보기

ㄱ

가마새 • 48
갑각류 • 28
갑옷 • 26, 27, 73, 75
개미 • 14, 15, 66, 74
거미줄 • 30, 31, 38, 48
고치 • 71
곤충 • 17, 23, 26, 52
공작 • 46, 47, 74
공작갯가재 • 28, 29
과일 • 40, 41
굴 • 14, 18, 19, 28, 37, 54, 56, 68
기후 변화 • 17
깃털 • 21, 38, 47, 48, 49, 58
까마귀 • 70
꼬리덮깃 • 46, 47
꽃가루 • 10, 22
꽃무지 • 22
꿀 • 10, 11
꿀벌 • 10, 11
꿀벌벌새 • 70
꿩 • 70

ㄴ

나무 • 17, 20, 40, 60, 61
낙타 • 64, 65
날도래 애벌레 • 21

ㄷ

눈동자무늬개오지 • 33

다윈나무껍질거미 • 30, 31, 74
댐 • 16, 17, 75
도깨비도마뱀 • 66, 67
동양말벌 • 50, 51
두리안 • 40, 41
둥지 • 38, 43, 48, 49, 71
딱정벌레 • 27, 52, 74
땅거북 • 18, 19
똥 • 37, 38, 40, 57, 72

ㅁ

마다가스카르섬 • 30
모래 • 18, 21, 28, 39, 42, 43, 64, 65, 66
모래쥐 • 45
물수리 • 70
물밭쥐 • 68

ㅂ

바다오리 • 70
반딧불이 • 52, 53, 74
발톱 • 48, 54
방적 돌기 • 30, 31
배수 • 37

벌집 • 10, 11, 50, 58, 59
베짜는새 • 49, 74
별코두더지 • 73
부리 • 48, 49, 58, 59
비늘 • 53, 73
비버 • 16, 17, 74
뿔 • 40, 41, 45

ㅅ

사막 • 44, 45, 62, 64, 65, 66
사막달팽이 • 44, 45
사하라은개미 • 62
산누에나방 • 71
산호초 • 12, 13, 28
산호충 • 12, 13
새우 • 35
새틴바우어새 • 21, 74
색소 • 47
석회석 • 12, 13
설치류 • 54
수증기 • 65
습지 • 68, 69
시멘트 • 13
식물 • 12, 36, 37, 38, 48, 70, 71
싱가포르 아트사이언스 박물관 • 23
싱가포르 에스플러네이드 극장 • 41

ㅇ

아래턱 • 56
알 • 56, 70, 71
애벌레 • 10, 21, 71
앵무조개 • 33
에너지 • 51, 52, 53, 59, 61
에뮤 • 70
에어컨 • 45, 56, 57, 58, 59, 62
여왕수정고둥 • 33
연꽃 • 22, 23
영국 30 세인트 메리 엑스 • 35
영국 에덴 프로젝트 • 11
왁스 • 22
웜뱃 • 72
유리 • 23, 34
육각형 • 10, 11, 50
이끼 • 38

ㅈ

자주불가사리 • 63
재봉새 • 48, 74
전구 • 52, 53
전복 • 32, 33
접착제 • 24, 25
조개껍데기 • 21, 24, 32, 38, 43, 45
족사 • 25
중국 베이징 국립 경기장 • 49
지구 온난화 • 13
지렁이 • 36, 37, 74
지의류 • 38

진드기 • 36
진주담치 • 24, 25
진흙 • 17, 22, 38, 39, 48
짐바브웨 이스트게이트 센터 • 57
집참새 • 70
찌르레기 • 70

ㅊ

참나무 • 60, 61
천산갑 • 73
철갑딱정벌레 • 26, 27, 74
청둥오리 • 70
촉수 • 12, 13
침골 • 34
침팬지 • 20

ㅋ

캘리포니아멧토끼 • 62
케라틴 • 59
케이프땅다람쥐 • 63
큰부리새 • 58, 59

ㅌ

타조 • 70
태양 에너지 • 50, 51, 61
털 • 16, 38, 48, 62, 64
톡토기 • 36

ㅍ

파충류 • 18
포유류 • 73

프레리도그 • 54, 55, 74

ㅎ

해로동굴해면 • 34, 35
홍합 • 24, 63
회색거품둥지청개구리 • 71
흰개미 • 56, 57, 74
흰작은가시고둥 • 33
흰점꺼끌복 • 42, 43, 74